The Culturalhubb Collection
I Can Kōrero Māori Everyday

First published in New Zealand by Culturalhubb Ltd, 2021.
Text & photography copyright Culturalhubb Ltd, 2021.
Written by Abel Junior Tutagalevao.
Produced locally in New Zealand by
Culturalhubb Ltd, 2021.

Photos courtesy of Rachel Temara, Katee Thomas and Simone Orr.

Design by Jacky Reynolds | jackyreynolds.co.nz
Illustrations by Rick Menard.
Māori Translations by Dr Rikki Solomon, Harmony Singsam and Tracey Solomon.

Special thanks to Rachel Temara, Simon Temara (Dad), Liam Benfell-Temara,
Glenn Benfell, Trina Benfell, Sophia Chen, Katee Thomas, Simone Orr,
BestStart Palm Springs Whānau, Harmony Singsam, Tracey Solomon, Dr Rikki Solomon,
Renee Mariner-Solomon and Donna Blaber.

Acknowledgments:
BestStart Palm Springs Educare.

ISBN: 978-1-99-115736-2
ISBN: 978-1-99-115737-9 (EPUB)

So Easy to Order.
Email: info@culturalhubb.com
What, When and Where?

I Can Kōrero Māori Everyday

By Abel Junior Tutagalevao

Illustrated by Rick Menard

How do you greet your kaiako and hoa in the morning?

Learning Māori at kura is so much fun.
When we arrive at kura in the morning, we greet our Kaiako with a hongi.

Hongihongi.

We wave our ringa to our hoa.

Tēnā koe e hoa!

How do you say goodbye to your whānau?

We wave goodbye to our whānāu. It's time for us to play and learn.

Ka kite anō. Haere rā pāpā!

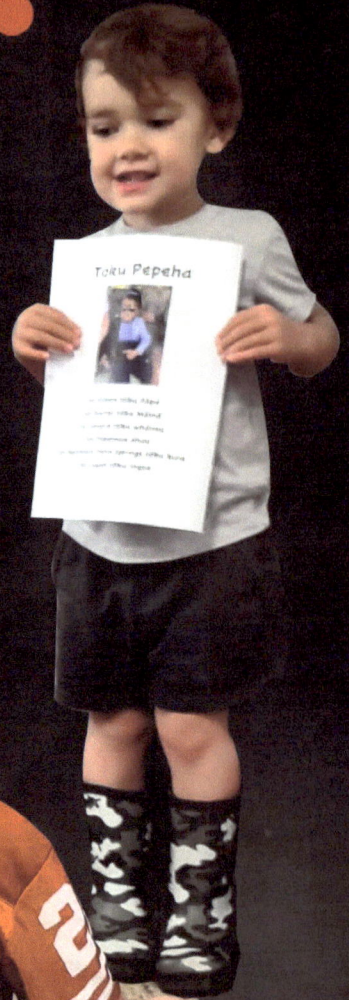

We say a karakia at the beginning of whariki time.
We learn and recite our pepeha.

Tēnā koutou katoa.
Ko .... tōku maunga (mountain)
Ko................tōku awa (river)
Ko.................tōku waka (canoe)
Ko..................tōku iwi (tribe)
Ko.............. tōku marae (meeting house)
Nō .... ahau (where from)
Ko.............. tōku kura (school)
Ko............... tōku whānau (family)
Ko .... tōku pāpā (father)
Ko .... tōku māmā (mother)
Ko................tōku ingoa (my name)

Nō reira, tēnā koutou, tēnā koutou, tēnā tātou katoa.
Therefore greetings to you, greetings to you, greetings to us all.

What kai did you eat today?

We say our karakia when we eat.

We welcome the gifts of food
From the food baskets of Papatūānuku
and Ranginui
Binding us all in wellness!

Nau mai e ngā hua
O Papatūānuku
O Ranginui kete kai
Whītiki kia ora!

Kua mutu. Kai time!

What did you do
to help your hoa
today?

We āwhina our hoa.
I'll help you!

Māku koe e awhi!

We look after babies.

Ka tiaki pēpi.

We waiata to babies.

Sleep baby
Don't cry
Mother will return soon
Moe moe pēpi
Kaua e tangi
Hoki mai to māmā ākuanei

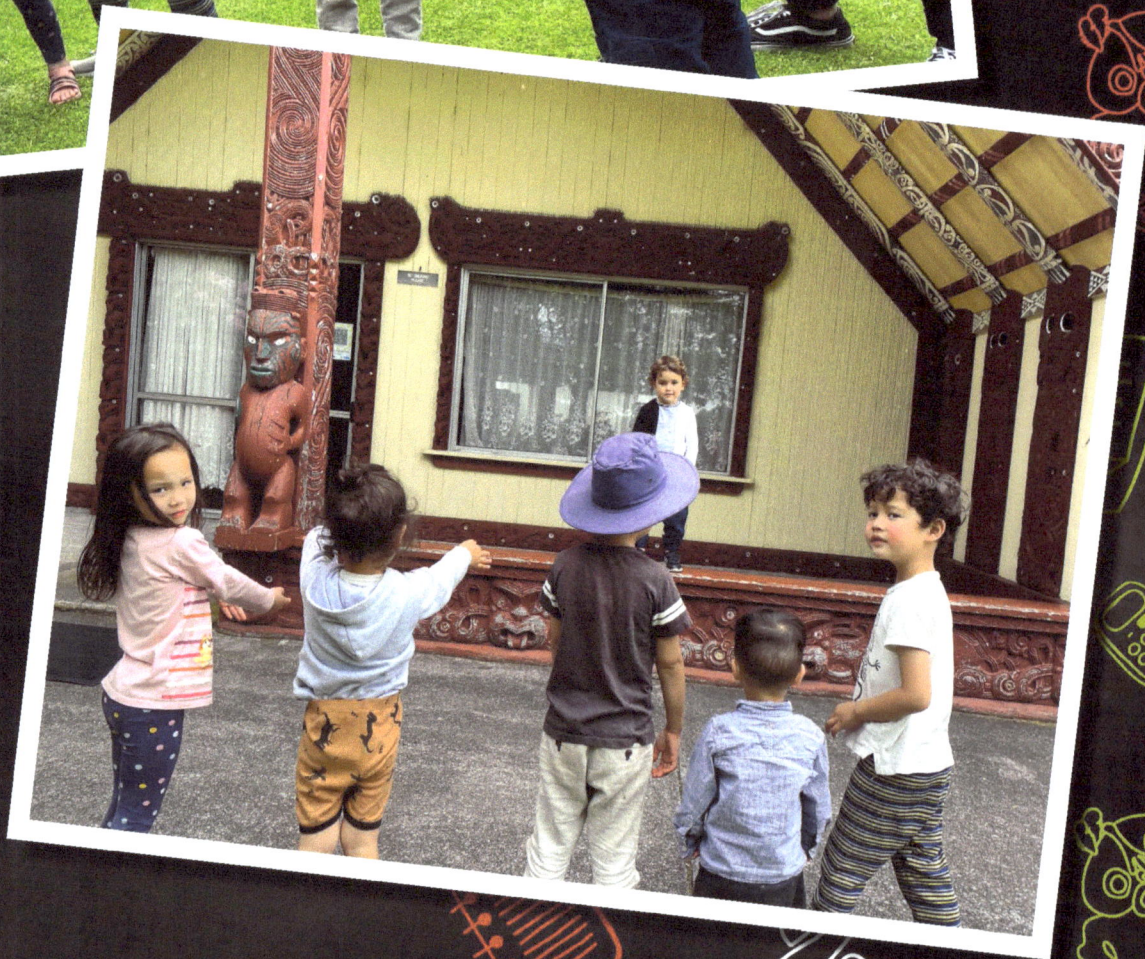

What waiata do you like to sing and dance to?

We whakaako waiata to our hoa.

Ka pai ki te whakarongo tamariki mā!

We make mahi toi with our hoa.
We play with taonga puoro, pūrerehua, porotiti, pūtōrino.

Taukuri e!

Can you turn to
someone next to
you and say,
Tēnā koe e hoa!?

We korerō in te reo Māori.
Kia ora, kei te pēhea koe?

Tino pai.

We learn about the Marae and the way Māori do things.
We call it Māori tikanga.

Pōwhiri: Welcome onto the marae
Karanga: "Haere mai, Haere mai, Haere mai!" - this is the first call for manuhiri to come onto the marae.
Whaikōrero: "Ka tangi te tītī, ka tangi te kākā, ko tangi hoki ahau....."
- speeches of acknowledgment.

Autaia!

We visit our hapori, iwi and hapū nearby.

Care for the land, care for the people, go forward
I shall never be lost, for I am a seed scattered from Rangiātea
Manaaki whenua, manaaki tāngata, haere whakamua
He kore au e ngaro, he kākano i Ruia mai i Rangiātea.

We sing waiata to help us learn the te reo.

Tēnā koe, hello to one
Tēnā kōrua, hello to two
Tēnā koutou, hello to all
Nau mai haere mai everyone, welcome everyone!

Can you show everyone your pūkana face?

We wear our piupiu for kapahaka.
We play with our poi. We perform and kanikani.
Tahi, rua, toru, whā

Pūkana!

What kai do you like to make with your kaiako or whānau?

We make fry bread together.

Mmm yum! Te reka hoki!

We learn and celebrate Matariki. It's the most important date of the year for Māori. The beginning of a new year for planting crops.
A time to remember our tīpuna and those we love who have passed away.

Mānawatea a Matariki!

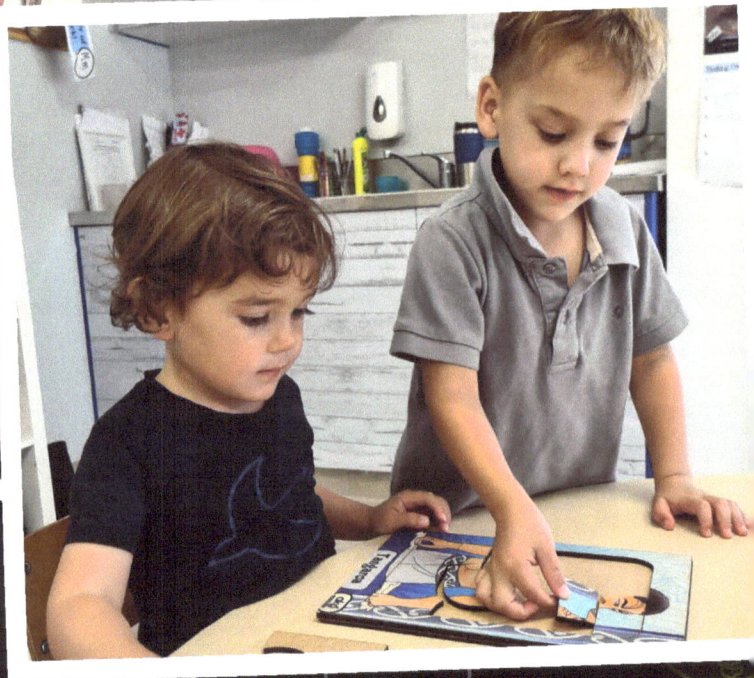

We learn pūrākau about Māori myths and legends.
We learn about ngā atua.
Io nui, Ranginui, Papatūānuku, Tangaroa, Tāne Mahuta, Tāwhirimātea,
Haumia-tiketike, Tūmatauenga and many more.

Kia ora Tamariki mā!

We learn about Papatūānuku. We learn about recycling bins.
We learn to take care of Papatūānuku.

I am the land and the land is me
Look after the land
Ko au te whenua, ko te whenua ko au
Me tiaki te whenua

We learn about Tāne Mahuta. We learn about plants. We hīkoi in the bush. We learn to take care of the children of Tāne Mahuta.

We learn to take care of Tangaroa.

Look after the forest and sea
Me tiaki te ngahere me te moana

How do you say goodbye to your kaiako and hoa?

We finish the day by saying goodbye to our hoa and Kaiako.

E noho rā. Ka kite anō!

We love learning te reo Māori.

Cherish the language
Cherish the Māori culture
Protect Māori customs
Arohatia te reo!
Arohatia te ahurea Māori
Tiakina ngā tikanga Māori

Glossary

Māori	English	Māori	English
Awa	River	Pepeha	A way of introducing introducing yourself in Māori. It tells a story of the places and people you are connected to.
Āwhina	Help		
Autaia	Cool/ Awesome		
E noho rā	Goodbye		
Haere rā	Goodbye		
Hapori	Community	Pēpī	Baby
Haumia-tiketike	God of all uncultivated vegetative food in Māori Mythology	Piupiu	Māori clothing/ Costume
		Porotiti	Māori musical instrument disc on a cord
Hīkoi	Walk/ Hike	Pōwhiri	Traditional welcome for guests
Hoa	Friend/ friends		
Hongihongi	Greet/ breathe	Pūkana	Fierce facial expressions used in Māori actions songs and haka
Ingoa	My name		
Iwi	Tribe		
Io nui	Supreme God in Māori Mythology	Pukapuka	Books
		Pūrākau	Stories
Ka tiaki pēpi	I will look after baby	Pūrerehua	Māori musical instrument disc on a cord
Kai	Eat / Food		
Kaiako	Teacher	Pūtōrino	Māori musical instrument flute
Ka kite anō	See you again	Ranginui	Sky Father in Māori Mythology
Kanikani	Dance	Reo	Language
Ka pai ki te waiata tamariki ma	Good singing children	Ringa	Hand
		Rua	Two
Ka pai ki te whakarongo tamariki ma	Good listening children	Tahi	One
		Tamariki mā	Children
		Tāne Mahuta	God of the Forest in Māori Mythology
Karakia	Prayer/ pray		
Karanga	An exchange of calls that takes place during the time a visiting group moves onto the marae or into the formal meeting area	Tangaroa	God of the Sea in Māori Mythology
		Taonga Puoro	Māori musical instruments
		Taukuri e	Awesome
		Tāwhirimātea	God of the Wind in Māori Mythology
Ka tiaki pēpi	I will look after baby		
Kia ora, kei te pēhea koe	Hello, how are you	Tēnā koe e hoa	Greetings/ Hello to you friend
		Te reka hoki	Mmm yum
Kōrero	Speak	Tikanga	Customs/ ways of doing things
Kua mutu	All done		
Kura	School	Tino pai	Really good
Mahi toi	Māori crafts	Tīpuna	Ancestors
Māku koe e āwhina	I'll help you	Tōku	My/ Mine
Māmā	Mother	Toru	Three
Mānawatea a Matariki!	Happy Māori New Year	Tūmatauenga	God of War in Māori Mythology
Manuhiri	Guests		
Maunga	Mountain	Waka	Canoe
Marae	A meeting ground that belongs to a particular tribe, sub tribe, family	Waiata	Sing
		Whā	Four
		Whaikōrero	Whaikōrero are formal speeches generally made by men during pōwhiri (formal welcome ceremonies)
Ngā atua	Māori Gods		
No … ahau	I / where from		
Pāpā	Father		
Papatūānuku	Mother Earth in Māori Mythology	Whakaako	Teach
		Whānau	Family
		Whāriki	Mat

Suggested Activities

Child notes: Allow the child to create their own stories through the
                      pictures and text.
                      Tell a story using each picture.
Teacher notes: Record the child's story.
                      Record the group's story.
Primary
school notes: Write a sentence or story using the pictures in this book.

My Story:_____ by: _____

First...

Next...

Then...

Last...

www.ingramcontent.com/pod-product-compliance
Lightning Source LLC
Chambersburg PA
CBHW042011080426
42734CB00002B/44